Katja Eckardt
50 Trades of Kat€

AF189688

Über die Autorin:

Kat€, Deutschlands erste Finanzdiva:

Oh, du langweilige Finanzwelt!
Kat€ wollte das ändern, indem sie Frauen mit ihren Büchern Finanzen erklärt. Doch das war erst der Anfang:
Finanzdiva – Das Buch ist ihr Experiment. Frauen vor der Armut retten – ihre Mission. Das Experiment scheint zu glücken. Und es macht richtig Bock auf Geld.
Heute zählt Katja (Kat€) Eckardt zu den Lieblingen der Finanzpresse. Die Mutter eines Babys sowie eines zweijährigen Mädchens reist mit ihren Kindern von Vortrag zu Vortrag. Einzigartig, nachhaltig, erfolgreich.

Katja Eckardt

50 Trades of Kat€

Bibliografische Information der
Deutschen Nationalbibliothek

Die Deutsche Nationalbibliothek verzeichnet diese
Publikation in der Deutschen Nationalbibliografie.
Detaillierte bibliografische Daten sind im Internet über
http://dnb.dnb.de abrufbar

Für Fragen und Anregungen:
Kate@finanzdiva.de

© 1. Auflage 2018 Katja Eckardt, München

Herstellung und Verlag:
BoD – Books on Demand, Norderstedt

Redaktion: Katja Eckardt
Lektorat: Dr. Michael Eckardt
Layout / Umschlaggestaltung: Christine Brauer
Bilder: Cover © Photogenika, www.photogenika.de
Weitere Bilder: https://pixabay.com/de/

ISBN PRINT 978-3-7460-5018-8
Auch als E-Book erhältlich!

Haftungsausschluss

Die Finanzdiva UG (haftungsbeschränkt) verwendet alle Sorgfalt darauf, dass die Inhalte dieses Buchs zur Zeit der Online-Veröffentlichung korrekt sind. Sie kann jedoch hinsichtlich der Genauigkeit und Zuverlässigkeit der Daten keine Gewährleistung abgeben. Haftungsansprüche gegen die Finanzdiva UG (haftungsbeschränkt), welche sich auf Schäden sowohl materieller als auch immaterieller Art beziehen, die durch die Nutzung oder die Nichtnutzung der zur Verfügung gestellten Informationen, bzw. durch die Nutzung fehlerhafter und unvollständiger Informationen verursacht wurden, sind ausgeschlossen.

Dieses Buch will keine spezifischen Anlage-Empfehlungen geben und enthält lediglich allgemeine Hinweise. Autor, Herausgeber und die zitierten Quellen haften nicht für etwaige Verluste, die aufgrund der Umsetzung ihrer Gedanken und Ideen entstehen.

Sämtliche Inhalte dieses Buchs wurden – auf Basis von Quellen, die Katja Eckardt und Finanzdiva UG für vertrauenswürdig erachten – nach bestem Wissen und Gewissen recherchiert und sorgfältig geprüft. Trotzdem stellt dieses Buch keinen Ersatz für eine individuelle Anlageberatung dar. Die Finanzdiva UG und Katja Eckardt haften für keine nachteiligen Auswirkungen, die in einem direkten oder indirekten Zusammenhang mit den Informationen stehen, die in diesem Buch enthalten sind.

Finanzdiva-Bestseller-Autorin Katja (Kat€) Eckardt führt dich ein in eine magische Welt der Börse – in eine Welt, vor der du vielleicht ängstlich zurückschreckst und die dich doch mit unwiderstehlicher Kraft anzieht.

Du fragst dich: Welche Aktien muss ich JETZT kaufen, um in zehn Jahren gut dazustehen? Die Antwort ist einfach: »The trend is your friend.« Geld liegt direkt vor dir auf der kurvigen Börsen-Straße. Du musst dich nur trauen und es fleißig aufsammeln. Geduld und Mut helfen dir dabei. Deine Aufgabe ist klar: Es ist deine Chance etwas zu riskieren. Kat€ ermutigt dich dabei, stets die Augen im Alltag für lukrative Börsenschnäppchen offen zu halten. Es braucht also weder den heißen Aktientipp vom Nachbarn noch dunkle, gefährliche Investments in Bitcoins & Co., um entspannt reich zu werden.

Geld verdienen war noch nie so einfach! Das Buch ist ein Aufruf: Mach dich reich!

Für meine Töchter
Emilia Marléne,
Milena Louise
und meinen liebevollen Mann
Alexander,
für meine Eltern
Regina und Hans-Dieter
und meinen Bruder
Kay.
Für meine Freundin
Christine.

#Dein Aktien-Guide

Du fragst dich: Welche Aktien muss ich JETZT kaufen, um in zehn Jahren gut dazustehen? Nun, ich weiß es nicht. Aber ich mache mir jetzt ein paar wertvolle Gedanken für dich. Trendanalyse lautet dabei mein Renditerezept. Dir fällt es schwer Trends zu erkennen? Kein Problem. Ich helfe dir dabei. Meine Aktien-Favoriten solltest du danach auf deiner Watchlist im Auge behalten. Zugegeben: Ich weiß gar nicht, ob es 50 sind. Ich wollte dich aber nicht mit einem einfallslosen Titel langweilen. So, dann hätten wir zunächst ge-klärt, was dich jetzt erwartet. Verlieren wir keine Zeit und legen sofort los.

Mach den Zukunfts-Check!

Du siehst den Wald vor lauter Bäumen nicht, wenn's um Geld geht? Vergiss den heißen Aktien-Tipp der Analysten. Sie up- und downgraden jeden Tag irgendwelche Aktien. Man fühlt sich überfordert von dem ganzen Auf und Ab. Keine Panik! Vertrau einfach auf dein Bauchgefühl. Die Geldanlage ist so simpel wie der Kauf eines neuen Autos – genau wie bei Letzterem stößt man auf ein Problem: es gibt zu viele Wahl-Möglichkeiten. Man kommt schnell ins Grübeln und lässt sich leicht von Meinungen Anderer beeinflussen. Dabei ist es kein Hexenwerk, das hart erarbeitete Geld lukrativ anzulegen.

Teil 1

»Jeder Mensch kann reich werden. Er muss nur lange genug leben.«

(Katja Eckardt)

Das Kat€-Modell zum einfachen Geld verdienen

Die Welt gerät aus den Fugen, also ist es das Beste, aus kompliziert wieder einfach zu machen. Das KAT€-Modell habe ich für dich entwickelt, damit du einen leicht verständlichen Wegweiser vorfindest. Investieren wird damit kinderleicht.

Das KAT€-Modell kurz und knapp

Was sich dahinter verbirgt? Meine persönlichen Weisheiten zum einfachen Geldverdienen. Keine Angst! Es ist nicht kompliziert und tut nicht weh. Leicht verständlich erfährst du, wie du easy die für dich perfekten Aktien finden kannst.

K = Klarheit: Kenne das Investment!
A = Augen auf: Nicht blind investieren, sondern analysieren!
T = Trends: Schaut euch um! Was finden die Menschen toll, was konsumieren sie?
E = Exit! Or should I stay?

Bastel dir ein Depot mit dem Kat€- Modell!

K wie Klarheit: Um das richtige Depot zusammen-zustellen, musst du dich Folgendes fragen: Hast du genug Notfallreserven und ETFs, um Einzelaktien hinzuzunehmen? Welche Ziele verfolgst du beim Investieren? Und wie sieht es mit deiner Risiko-freude aus? Am Ende des Buches findest du drei Punkte, die deine finanzielle Basis bilden.

A wie Analyse: Mehr dazu erfährst du gleich im De-tail. Das Wichtigste ist: Du musst lernen, Unter-nehmen zu verstehen, indem du dir zum Beispiel ihre Bilanzen ansiehst, aber auch, indem du ihr Umfeld beobachtest.

T wie Trends: Lass dich inspirieren! Deine eigenen Vorlieben und die der Menschen um dich herum können dir wichtige Anregungen für starke Invest-ments geben. Welche Moden gibt es (und damit mei-ne ich nicht nur Kleidung, sondern alle Kon-sumgüter)? Welcher Lebensstyle entwickelt sich – hierzulande und weltweit?

E wie Exit: Trotz aller Klarheit, gründlicher Analyse und einem gut entwickelten Gespür für Trends kannst du daneben liegen. Die eine oder andere Aktie entwi-ckelt sich überhaupt nicht wie gedacht. Trenne dich rechtzeitig! Unter rechtzeitig meine ich aber nicht innerhalb einer Woche. Dein Trading-Plan ist dein wichtigster Partner und zeigt dir, ab wann du dich von einem Loser besser trennen solltest.

Schluss mit kompliziert! Das KAT€-Modell im Detail

Die Welt gerät aus den Fugen, also ist es das Beste, aus kompliziert wieder einfach zu machen. Das Kat€-Modell hilft dir beim Investieren. Es ist leicht verständlich und hilft dir als Wegweiser bei der Auswahl eines geeigneten Investments.

K = Klarheit: Kenne das Investment
Dieser Punkt entscheidet besonders darüber, ob du bei der Vermögensanlage Erfolg haben wirst. Bevor du dich ins Börsenabenteuer stürzt, mach dir klar, ob du genügend finanzielle Reserven gebildet hast. Überlege dir, wie du mit Risiken umgehst und ob ETFs oder besser Aktien etwas für dich sind. Bist du ein Angsthase? Dann lass die Finger von Aktien. ETFs sind dann völlig ausreichend.

K= Klarheit: Kennste eine, kennste nicht alle

Wie könnte ich meinen ersten Trade vergessen? 3 Power Energy hat mir gezeigt, dass sich mein Geld scheinbar wie von Zauberhand vermehrt. Wozu also noch arbeiten? Die Firma, auf die ich setzte, kannte ich zwar nicht, aber ich wusste, es ist eine hochriskante Angelegenheit – eine Pennystock. Dass so eine »Mini«-Aktie plötzlich vom Handel ausgesetzt werden kann und dann Totalverlust droht, wusste ich (noch) nicht, machte aber schon bald darauf eine fiese Bauchlandung. Die Wenigsten kennen die Firmen, in die sie investieren, mit dem Inhalt ihres Investments verhält es sich ebenso. Oder weißt du beispielsweise, durch was sich ein Zertifikat von einer Aktie unterscheidet? Ein anderes Beispiel war die Aktie von Kabel Deutschland. Sie schoss in die Höhe von anfänglich 20 Euro auf über 110 Euro innerhalb weniger Jahre. Ein Übernahmeangebot war Schuld und ich zog die voreilige Schlussfolgerung, dass Übernahmen ein absoluter Erfolgsgarant seien. Voreilig und ohne das Geschäftsmodell der Firma zu kennen, holte ich mir Aktien von Pharol ins Depot, denn auch hier war eine Übernahme durch Altice in Gang. Sobald der Deal stand, begann der Aktienkurs ins bodenlose zu fallen. Diese negativen Erfahrungen haben mir sehr wertvolle Erkenntnisse vermittelt: Kenne das Investment sowie das Geschäftsmodell der dazugehörigen Firma! Umso besser man die Firma mitsamt ihres Geschäftsmodells kennt, umso einfacher ist die Einschätzung ihrer Zukunftsaussichten. McDonald's ist ein sehr gutes Beispiel. Die Firma zählt zu den bekanntesten Fast-Food Ketten der Welt. McDonald's verlangt hohe Mieten, Franchise-Lizenzgebühren und sogar eine Beteiligung an den Werbemaßnahmen. Die Fastfood-Kette erfreut sich deswegen stabiler Geschäfte, betreibt exzellente Kurspflege durch Aktienrückkäufe und zahlt eine gute Dividende. Außerdem hat McDonald's ein hervorragendes Markenimage und mit Ronald McDonald ein überall bekanntes Gesicht. Wirklich jeder versteht das Geschäfts-modell, kennt die Produkte und die Zielgruppe. Auch wenn ihr denkt, dass eine Geldanlage in solide »Jedermanns-Aktien« ultra-langweilig sind. Fakt ist: Langeweile hat an der Börse noch niemandem geschadet. Firmen, die schon viele Jahre dick im Geschäft sind, schaffen es in der Regel problemlos, erfolgreich in Zukunft zu bestehen.

A = Augen auf – Nicht blind investieren, sondern analysieren:

Von A wie Aristokraten bis Z wie Zocken

Dank Plattformen wie Dividendenadel.de wird es uns leicht gemacht, die Crème de la Crème beim Investieren herauszupicken. Man nennt sie auch Aristokraten – das sind Top-Titel, die über viele Jahre regelmäßig Dividenden an die Aktionäre ausschütteten und die Zahlung sogar kontinuierlich erhöhten. Hierzulande gehört Adidas, dicht gefolgt von BASF, Henkel, MAN und Linde zu den absoluten Gewinnern im DAX. Adidas schaffte das sogar über mehr als 1,5 Jahrzehnte. Inklusive reinvestierter Dividenden schaffte es die Aktie auf ein Plus von 750 Prozent. Angenommen, man würde die Dividenden nicht mit berücksichtigen, konnte Adidas immerhin den Aktienkurs innerhalb von 15 Jahren versiebenfachen. Respekt! Berücksichtigt man die Dividendenzahlungen, erreichte der DAX in den letzten 15 Jahren einen Zuwachs von mehr als 120 Prozent. Und das trotz der Krisen 2002 und 2008. Ohne die Berücksichtigung der Ausschüttungen hingegen hätte es der Index lediglich auf einen Zuwachs von 44 Prozent geschafft. Das ist der Beweis, dass Dividenden ein mächtiges Werkzeug zur Vermögensbildung sind. Achte immer darauf, wie das

Ausschüttungsverhalten in den vergangenen Jahren war, wie krisenanfällig die Firma ist und überlege dir, ob sie in Zukunft relevant sein wird. Als Börsenanfänger wird man schnell von seinen Emotionen kontrolliert. Das führt nicht selten zu einem bösen Erwachen. Gerade wenn man sich ohne einen Plan an die Börse wagt, ist Chaos vorprogrammiert. Man wird dann leicht zum Opfer von dubiosen Newslettern oder Webseiten wie Seeking Alpha. Sie sind voller heißer Tipps, die uns zu besessenen Rendite-Jägern machen. Unser Verstand wird wie von selbst ausgeschaltet und macht uns zum Opfer unserer Gier.

Was ich dir in diesem Abschnitt ans Herz legen will?

Deine Aufgabe muss es sein, das alles zu hinterfragen, um dir eine eigene Meinung zu bilden. Bei meiner Aktienauswahl spielt Charttechnik eine untergeordnete Rolle – zumindest sollte man prüfen, ob der heutige Kurs im Vergleich zum 1- bis 3-Jahreszeitraum gestiegen ist. Wieso ich nicht viel von Charttechnik halte? Einerseits habe ich in meinen Vorträgen über "Wie man einfach Geld an der Börse verliert" hauptsächlich Leute im Publikum sitzen, die mit Charttechnik ihr Geld an der Börse nicht vermehren konnten. Außerdem kenne ich keinen einzigen Star-Investor, der mit Charttechnik reich wurde. Das bedeutet für dich: Du solltet wenigstens auf einige wichtige Kennzahlen schauen. In meinem Buch »Reich gut aussehen – Dein Finanzworkout« zeige ich dir, wie einfach die Kennzahlenanalyse geht. Und noch etwas: Ich finde es ist reines Glücksspiel, wenn man sich aus purer Lustlosigkeit die Zahlen hinter seinen Investments nicht ansieht. Du heiratest ja auch nicht ohne die genauen Hintergründe und finanziellen Verhältnisse deines Mannes zu kennen, oder?

T = Trends: Schau dich um! Was finden die Menschen toll, was konsumieren sie?

»Um klar zu sehen, genügt ein Wechsel der Blickrichtung« (Antoine de Saint-Exupéry).

Jeder von uns kennt dieses Problem: Der Mann an unserer Seite fühlt sich schon lange nicht mehr wie das ultimative Must-have an, sondern eher wie ein austauschbares Accessoire. Nur gegen was soll man ihn jetzt austauschen? Erstens ist die Auswahl an Alternativen zu groß und zweitens haben wir schließlich schon sehr viel Zeit und Geschenke in die Beziehung investiert. Wir denken dann, dass wir einen Verlust erleiden, wenn wir das alles einfach so wegwerfen.

Es ist einerseits die Angst vor Verlusten, mit der wir nicht umgehen können. Darüber hinaus ertragen wir keineswegs das Gefühl, in der Vergangenheit eine Fehlentscheidung getroffen zu haben. Also bleiben wir lieber in einer unglücklichen Partnerschaft und verpassen dadurch Chancen auf einen Neubeginn. Ich selbst habe viele Jahre langweilige Beziehungen ausgesessen. Erst meine Oma schaffte es, mir die Augen zu öffnen, wofür ich ihr sehr dankbar bin. Es mag zwar hart klingen, aber sie sagte: »Trenne dich von diesem Loser.« Den Blick auf die Zukunft dürft ihr niemals verschließen, nicht nur, was eure Partnerwahl betrifft. Bei der Geldanlage ist es genau das gleiche Spiel. Wir konzentrieren uns leider viel zu oft auf die Verlierer im Depot. Dabei vergessen wir die wahren Champions im Depot, indem wir ihre Kurssprünge unterschätzen. Die Realität: Wir verkaufen sie viel zu früh und halten an den absoluten Versagern fest. Schlimmer noch. Wir klammern regelrecht an ihnen und durchsuchen die dazugehörigen Google-Nachrichten auf jedes Fünkchen Hoffnung. Ich selbst musste diese Erfahrung mit Pharol (ehemals Portugal Telecom) machen. Ich habe unterschätzt, wie schnell und tief eine Aktie fallen kann. Es war ein sehr teurer Fehler, der mir gezeigt hat, dass wir Menschen dazu neigen, wie die Lemminge in die gleiche Richtung zu laufen. Es heißt: Uns schmerzt ein Verlust mehr als die Erwartung auf einen Gewinn. Als Konsequenz schalten wir unseren Verstand aus und beginnen zu hoffen. Ein fataler Trugschluss! Denn: An der Börse hat Hoffnung nichts verloren, denn wer hofft, verliert. Du musst stets die Augen offen halten und die Markt-entwicklung kritisch hinterfragen. Mit ein bisschen Fingerspitzengefühl lernst du Trends besser zu er-kennen. Ein Beispiel: Während sich aktuell die Elite der Automobilindustrie noch als Sieger des DAX fei-ert, droht ihnen die Generation Y mit Ignoranz und Desinteresse. Der Kauf eines Neuwagens kommt für die Wenigsten in Frage. Mag sein, dass die geringen Gehälter und / oder Zukunftsängste junger Menschen schuld daran sind. Abos sind stattdessen gefragt, an-gefangen von Musik-Streaming (Spotify), Serienanbie-tern (Amazon Prime) bis hin zu Carsharing. Der Zu-

zug in die Großstädte ist ungebremst und gleichzeitig mangelt es an kostenlosen Parkplätzen. Ein Auto wird hier schnell zum unliebsamen Klotz am Bein. Der Trend geht hin zum Mietwagen nach dem Motto: besser ein unverbindlicher One-Night-Stand als langfristige Verpflichtungen. BMW und Daimler überlegen übrigens aktuell gemeinsam Carsharing anzubieten. Man munkelt, sie bekommen schon kalte Füße vor dem Taxianbieter Uber. Umdenken ist angesagter denn je! Während US-Konzerne wie Facebook, Apple, Amazon, Google & Co. bereits an innovativen Prototypen basteln, ist die wirkliche Frage, ob es den US-Konzernen gelingen wird, mit neuen Mega-Trends die ausländische Konkurrenz platt zu machen. Die genannten Firmen sind die angesagtesten Impulsgeber der Gegenwart. Sie beeinflussen schon längst die Zukunft. Ich halte bereits einige von ihnen im Depot. Fakt ist: Siegertypen haben ihren Preis. Und: »Die meisten großen DAX-Konzerne wird es in zehn, 15 Jahren wegen der Digitalisierung nicht mehr geben.« Schlaue Worte, die Richard Precht (Philosoph und Autor) im Magazin GALORE (01/2017) von sich gibt. Gerade deswegen ist ein Blick in die Zukunft bei der Geldanlage so wichtig. Digital Natives haben den entscheidenden Vorteil, dass sie zukünftige Neuheiten in der Glaskugel deutlicher erkennen. Bereits als Studentin habe ich beispielsweise bei Amazon regelmäßig Bücher, CDs oder Geschenke bestellt. Seit dem hat sich der Wert der Aktie mehr als versechzigfacht. Der Trend hin zum Online-Handel war bereits damals absehbar. Trotzdem verpassten die meisten die Riesengelegenheit am glamourösen Börsenerfolg der Firma teilzunehmen.

Du musst dir bewusst sein, dass die Welt niemals still steht. Während vor hundert Jahren ein gewaltiger Wandel stattfand, der die Menschheit in die Industrialisierung führte, findet aktuell ein neuer Umbruch statt, der für Unwohlsein sorgt: die Digitalisierung, kurz Industrie 4.0 genannt. Fakt ist, dass Roboter so präsent geworden sind und somit Arbeitskräfte in hohem Maße ersetzen. Die Sorge um Massenarbeitslosigkeit ist nicht grundlos. Dennoch werden mit dem digitalen Zeitalter neue Jobs und Chancen auftauchen. Steckt also eure Köpfe nicht voreilig in den Sand. Um auf smarte Weise Geld anzulegen, ist es geschickt, kugelsichere Branchen zu identifizieren, denen eine Krise nichts ausmacht. Mein Mann und ich zocken beispielsweise regelmäßig Konsolen. Der Hype auf Game-Conventions ist ungebremst. Weltweit werden es immer mehr Fans, die sich mit dem Spielfieber infiziert haben. Die Gaming-Industrie ist nur eine der krisensicheren Branchen. Weitere nennenswerte Bereiche sind die Konsumgüterindustrie (z.B. Henkel), die Pharmabranche (z.B. Pfizer), Social Media und die Lebensmittelindustrie (z.B. Coca-Cola). Die Faustregel lautet: Gegessen, gesoffen, gezockt und genetzwerkt wird immer.

E = Exit! Or should I stay? Von Verlierern kann man sich trennen – muss aber nicht

Viele Aktionäre machen den Fehler, den heißen Tipp zu suchen, Ungeduld und Hunger nach schnellen Gewinnen sind groß. Dadurch lassen sie sich leicht von anderen bei der Wahl ihrer Investments beeinflussen und handeln planlos. Solide und international bekannte Titel erscheinen langweilig. Sie geben den Anschein, dass man mit ihnen nicht den schnellen Euro machen kann. Und wer will schon viele Jahre auf einen fetten Gewinn warten? Außerdem haben wir das Warten verlernt. Mag sein, dass die Technik an allem Schuld ist. WhatsApp und Tinder sind der Beweis. Wir wollen alles sofort und auf Knopfdruck. Kennst du den Ausdruck "Gier frisst Hirn"? Hier liegt der Grund, wieso viele Menschen an der Börse scheitern. Man checkt viel lieber täglich die Aktienkurse und gerät im Zickzack der Börse schnell in Panik und handelt völlig unkontrolliert. Das Problem ist die Hoffnung auf den schnellen fetten Gewinn. Hoffnung und Ungeduld entscheiden bei vielen Börsianern, welcher Wert im Depot bleiben darf und welcher nicht. Sobald ein Wert sehr lange auf sein Allzeithoch warten lässt, wird er voreilig aus dem Depot verbannt. Aktien von Nestlé oder Facebook waren auch in meinem Depot, aber sie schienen mir einfach zu langsam in Fahrt zu kommen.

Im Nachhinein weine ich ihnen bittere Tränen hinterher, als ich anhand des langfristigen Kursverlaufs sah, wie dämlich mein vorschneller Verkauf war. Merke dir Folgendes: Eine erfolgreiche Geldanlage ist völlig unspektakulär. Heißt: umso langweiliger das Investment, umso besser ist das langfristige Ergebnis. Das ist einfacher als getan. Denn im Nichtstun sind wir Menschen absolute Versager.

Mein Tipp: Halte dich an deinen Plan. Wähle solide Aktien und dann leg dich entspannt auf die Couch oder wie der große Meister André Kostolany rät, ein paar Jahre schlafen.

Teil 2

»Es gibt gewisse Trends, die sind endgültig. Wenn man sich dagegen sträubt, verliert man Zeit und endet dann doch überfahren im Abseits. Besser man überfährt, als dass man überfahren wird.«

(Karl Lagerfeld)

Glüht dein Kopf schon?

Es ist nicht immer leicht, die richtige Einzelaktie im Aktienuniversum auszuwählen, aber da dies ein trendiges Finanzbuch ist, begrenzen wir uns auf das Erkennen von Trends. Sie sind das, was dein zukünftiges Vermögen ausmacht.

Must-haves für deine Watchlist:
16 Trends, die dir deine Aktien-Auswahl erleichtern

Bitte beachte folgenden Hinweis: Meine Trendanalyse hat den Stand 08/2018. Die Angaben zu Rendite und Dividende sind ohne Gewähr.

Trend # 1: Man kann sein ganzes Leben ohne Aktien verbringen, aber keine zwei Tage ohne Wasser.

3.900 Liter Wasser verbraucht jeder Deutsche – AM TAG! Das ergab eine Studie des Bundesumweltamtes. Zudem wächst die Weltbevölkerung. Im Jahr 2050 wird sie auf 9,7 Milliarden ansteigen. Das bedeutet den doppelten Bedarf an Wasser. Laut Water Footprint sind für die Produktion eines Apfels rund 125 Liter Wasser erforderlich. Für ein Baumwoll-T-Shirt werden 2.500 Liter und für eine Jeans sogar 8.000 Liter benötigt. Noch mehr Wasser wird in der Fleischproduktion benötigt. Für den Futteranbau fließen rund 15.400 Liter Wasser pro Kilogramm Rindfleisch. Während der Wasserverbrauch steigt, sorgt der Klimawandel in vielen Regionen für karge Niederschläge und Dürren. Die Erde besteht zwar insgesamt zu 71

Prozent aus Wasser, aber nur 0,3 Prozent davon sind als Trinkwasser zu gebrauchen.

Auf dem Youtube-Kanal »Finanzdiva Das Magazin« findest du übrigens das passende Video zum Thema. Wasser als Investment.

Und nun meine Top-Wasser-Kandidaten im Über-blick:

Veolia Environnement (WKN: 501451)

Dividende: 4,63 %

5-Jahres-Performance: 97 %

Französisches Unternehmen mit vier Kerngeschäft-segmenten:

Wasser- und Abwasserdienstleistungen für Kommunen und Industrie, Abfallbewirtschaftung und Energieservice

Die Veolia Group belieferte im Jahr 2015 rund 100 Millionen Menschen mit Trinkwasser, entsorgt Abwasser von über 60 Millionen Menschen, entsorgt und konvertiert mehr als 40 Millionen Tonnen Abfall und produziert 53 Millionen Megawatt elektrischen Strom.

▶ **Fazit:** Die Firma stillt nicht nur deinen Durst nach sauberem Trinkwasser, sondern auch nach Rendite.

Suez Environment S.A. (WKN: A0Q418)

Dividende: 5,72 %

5-Jahres-Performance: 15,60 %

Suez Environment S.A. ist ein französischer Wasserversorger. Die Firma bezeichnet sich selbst als einen weltweit führenden Konzern in den Bereichen Wasserversorgung und Müllentsorgung. Die Aktivitäten reichen von der Förderung, Aufbereitung und Verteilung von Frischwasser bis zur Sammlung und Klärung von Abwasser, wodurch alle Stufen der Wasserversorgung abgedeckt werden.

Aqua America (WKN: A0BLW0)

Dividende: 2,23 %

5-Jahres-Performance: 98 %

Das Unternehmen fördert Wasser und entsorgt Abwasser, zusätzlich ist es Wasserinfrastrukturdienstleister und -entsorger in den Bundesstaaten Pennsylvania, Ohio, North Carolina, Illinois, Texas, New Jersey, Indiana und Virginia. Aktionäre von Aqua America erhalten seit 72 Jahren eine Dividende.

Geberit AG (WKN: A0MQWG)

Dividende: 2,66 %

5-Jahres-Performance: 89 %

Schweizer Firma: Die Geberit Gruppe ist ein, in Europa marktführender, globaler Anbieter von Sanitärtechnik. Das Produktspektrum umfasst verschiedene Bereiche: Installationssysteme, Spülsysteme, Public, Apparatanschlüsse, Hausentwässerungssysteme und Wasserentsorgungssysteme.

Trend #2: Uns ging's noch nie so gut wie heute. Luxus wird zum Happy Investment

Richemont (Cie Financière Richemont AG) (WKN: A1W5CV)
Dividende: 2,59 %
5-Jahres-Performance: 5 %
Die Compagnie Financière Richemont AG ist ein führender Luxusgüterkonzern, der sich vorwiegend auf Uhren, Schmuck und exklusive Accessoires spezialisiert hat. Die Produkte der zur Gruppe gehörenden Unternehmen lassen sich in vier Gruppen zusammenfassen: Schmuck, Uhren, Accessoires und Mode.

LVMH (LVMH Moët Hennessy L. Vuitton SE) (WKN: 853292)
Dividende: 1,96 %
5-Jahres-Performance: 120 %
Das Portfolio des Unternehmens besteht aus mehr als 60 Prestige-Marken aus den Bereichen Wein & Spirituosen, Mode & Lederwaren, Parfüm & Kosmetik sowie Uhren & Schmuck, die weltweit in eigenen Geschäften vertrieben werden. Dazu zählen neben Louis Vuitton und Moët Hennessy unter anderem auch Bulgari, Givenchy, Kenzo, Dior, Fendi, benefit, Donna Karan, Tag Heuer, Ebel oder auch Dom Perignon und Hermès.

Trend #3: Wir ersticken im Müll

Hierzulande produzieren wir übrigens auch den meisten Müll. Zumindest in Europa. Nirgendwo in Europa haben die Menschen mehr Verpackungsmüll als bei uns. Pro Person kommen wir auf 218 Kilogramm im Jahr. Zweiter sind in Europa die Italiener mit 197 Kilogramm im Schnitt.

Die Top 3 Dividenden-Zahler im Abfallsegment sind:

Waste Management Inc. (WKN: 893579)
Dividende: 2,26 %
5-Jahres-Performance: 141 %
Abfall- und Recyclingdienstleister aus den USA. Das Unternehmen betreibt seine Müllverbrennungs- und Recyclinganlagen sowie seine Deponien in 48 Bundesstaaten, ebenso in Puerto Rico und im benachbarten Kanada.

Republic Services (WKN: 915201)
Dividende: 2,26 %
5-Jahres-Performance: 141 %
Amerikanischer Energie- und Abfallentsorger, Recycling- und Energieservicedienstleister. Sehr aktiv im Umweltschutz, u.a. mit dem Einsatz von nur mit Naturgas betriebenen und keinen Dieselfahrzeugen, aktiv in zahlreichen kommunalen Projekten wie z.B. Kompostieren und Schulungen zur Förderung von Umweltschutz und Nachhaltigkeit

US Ecology Inc. (WKN: A1CS69)
Dividende: 1,08 %
5-Jahres-Performance: 155 %
Nordamerikanischer Umweltdienstleister mit Sitz in Idaho. Dienstleistungsspektrum: komplexe Müll-Entsorgung, u.a. von toxischem Müll z.B. radioaktivem Müll; Kunden in den USA, Mexiko und Kanada

Noch mehr Fair Trading-Ideen und Tipps zum nachhaltigen Investieren findest du auf meinem YouTube Kanal.

Trend # 4: Wir werden immer älter

Fresenius (WKN: 578560)
Dividende: 1,16 %
5-Jahres-Performance: 114 %
Die Fresenius SE ist ein international tätiger Gesundheitskonzern, der Produkte und Dienstleistungen für Krankenhäuser, die ambulante medizinische Versorgung von Patienten und die Dialyse anbietet. Weitere Arbeitsfelder sind das Krankenhausträgergeschäft sowie Engineering- und Dienstleistungen für verschiedene Gesundheitseinrichtungen

Und hier findest du weitere Top Pharma Werte:

Pfizer (WKN: 852009)
Dividende: 3,66 %
5-Jahres-Performance: 50 %
Pfizer Inc. zählt zu den weltweit größten Pharmakonzernen. Das Unternehmen konzentriert sich auf die

Produktion von verschreibungspflichtigen Medikamenten. Die Kompetenzfelder sind Herz-Kreislauf-Erkrankungen, Schmerztherapie, HIV-Erkrankungen, urogenitale Erkrankungen, Atemwegsbeschwerden, Augen- und Stoffwechselerkrankungen sowie Krebs.

Bayer AG (WKN: BAY001)
Dividende: 3,04 %
5-Jahres-Performance: 17 %
Die Bayer AG ist ein weltweit führendes Unternehmen in den Bereichen Pharmazie, Agrarwirtschaft und High-End-Werkstoffe. Das breite Sortiment an Produkten und die Forschungsschwerpunkte des Unternehmens sind auf die Gesundheitsversorgung, den Pflanzenschutz und die Schädlingsbekämpfung sowie die Verbesserung von industriellen Werkstoffen ausgerichtet.

Trend #5: Wir wollen lieber Karriere machen. Tiere sind unsere Ersatzkinder

In Deutschland haben 70 % der Menschen ein Haustier. Katzen sind am beliebtesten. (12 Mio.), dicht gefolgt von Hunden (7 Mio.) und Kleintieren wie Hamster (ca. 6 Mio.).

Nestlé S.A. (Nahrungsmittel) (WKN: A0Q4DC)
Dividende: 3,12 %
5-Jahres-Performance: 40 %
Nestlé ist in vielen Bereichen vertreten: Produkte für Heimtiere sind etwa die Marken Felix und Beneful. Zu den bekanntesten Brands des Konzerns gehören

unter anderem Nescafé, Nesquik, Maggi, Thomy, KitKat, Buitoni, Smarties, Wagner, Alete und Bübchen. Nestlé ist einer der größten Nahrungsmittelhersteller weltweit.

Zooplus AG (Tiernahrungsmittel und Zubehör) (WKN: 511170)
Dividende: 0%
5 Jahres-Performance: 261 %

Die Zooplus AG ist ein Online-Handler für Heimtierbedarf. Die Firma ist aktiv in Deutschland, Österreich, Großbritannien, Frankreich, Spanien, Holland, Belgien, Irland, Italien, Polen und der Tschechischen Republik. Zusätzlich sind die Produkte über die englischsprachige Website zooplus.com und über die Tochtergesellschaften Matina GmbH und Bitiba GmbH erhältlich. Insgesamt bietet die Gruppe eine Produktpalette mit über 8.000 Produkten an, darunter Tierfutter (Trocken- und Nassfutter oder auch Futterbeigaben wie Kauknochen, Snacks u.a.) und Zubehör wie Kratzbäume für Katzen, Käfige und Hundekörbe .

Zoetis Inc. (WKN: A1KBYX)
Dividende: 0,58%
5-Jahres-Performance: 220 %

Bis 2013 war Zoetis eine Tochterfirma der Firma Pfizer. Danach brachte die Firma ihre Tiergesundheitsparte an die Börse, ist seitdem unabhängig und im S&P 500 notiert. Zoetis wird als die No.1 im Tierpharma-Bereich bezeichnet. US-amerikanischer Hersteller von Impfstoffen für Haus- und Nutztiere. Gemessen am Gesamtumsatz ist Zoetis aktuell Weltmarktführer.

Marine Harvest (WKN: A1XCVK)
Dividende: 6,35 %
5 Jahres-Performance: 134%
Zugegeben! Dieser Wert ist nicht im Pharma-Bereich angesiedelt. Aber im Zusammenhang zum vorher genannten Unternehmen sollte man auf Marine Harvest aufmerksam machen. Denn Zoetis stellt unter anderem Medikamente für Fische her. Warum der Wert auf deine Watchlist gehört? Die Firma gehört zu den Top Dividende-Zahlern und schüttet diese quartalsweise aus. Der Fischzüchter konzentriert sich auf hochwertige Fische wie z.B. Lachse.
Die Gesamtproduktion beläuft sich auf 400.000 Tonnen pro Jahr. Was für Marine Harvest spricht, ist die steigende Nachfrage und das Fischpreisniveau. Beides macht diesen Wert besonders attraktiv. Die Dividendenrendite verlief im Zeitverlauf steigend. 2016 lag sie noch bei 5,9%
▶ Fazit: Bei diesem Wert stinkt der Fisch nicht von hinten.

Merck KGaA (WKN: 659990)
Dividende: 1,47 %
5-Jahres-Performance: 45 %
Die Merck KGaA ist ein weltweit tätiger Chemie-, Pharma-Konzern. Die Firma stieg mit dem Kauf von Vallee für 400 Mio. US Dollar in den Tiergesundheitsbereich ein. Der Umsatz in diesem Segment beträgt ca. 10 %.

Das Produktprogramm von Merck umfasst Original-präparate gegen Herz-Kreislauf- und Stoffwechseler-krankungen sowie Produkte für die Selbstmedikation, Flüssigkristalle für Displays und Elektronikchemika-lien zur Chipherstellung, Pigmente, Kosmetik- und Pharmawirkstoffe, Reagenzien sowie zahlreiche La-borprodukte für die Pharmaforschung.

Trend #7: Wir sind ungeduldig. Es muss alles schnell gehen

Fast Food ist und bleibt beliebt!

McDonald's Corp. (WKN: 856958)
Dividende: 2,58 %
5-Jahres-Performance: 82 %

Mc Donald's Gründer Ray Kroc behauptete, sein Kerngeschäft konzentriert sich auf Immobilien und nicht auf Burger. Fakt ist: Die Fast Food Kette gehört zu den bekanntesten Burgerketten weltweit. McDo-nald's betreibt exzellente Kurspflege in Form von Aktienrückkäufen, kassiert beachtliche Franchise-Gebühren und beteiligt sogar seine Franchise-Nehmer an den Werbemaßnahmen. Jeder kennt und versteht das Geschäftsmodell. Die Läden sind gerade bei Jün-geren beliebt. Alles in allem macht es die Aktie zu einem interessanten Wert fürs Depot.

Starbucks Corp. (WKN: 884437)
Dividende: 2,57%
5-Jahres-Performance: 63%
Was den Aktienkurs betrifft, schaffte es Starbucks McDonald's in den Schatten zu stellen. Die Firma zahlt eine gute Dividende und überzeugte in den letzten fünf Jahren mit einem Kursplus von über 63 Prozent. Fazit: Macht Lust auf reich werden und Käffchen trinken!

Trend #8: Wir duschen, putzen und waschen auch in der Krise

Die folgenden Aktien sind krisensicher und gehören ins Langzeitdepot vor allem für ängstliche Anleger. Dividenden werden zudem regelmäßig ausgeschüttet.

Colgate-Palmolive Corp. (WKN: 850667)
Dividende: 2,52%
5-Jahres-Performance: 26%
Die Colgate-Palmolive Corporation (Colgate) ist einer der weltweit größten Produzenten von Haushaltshygiene und Zahnpasta. Im Einzelnen basiert die Vorreiterposition im Hygienegeschäft auf den fünf Kernkompetenzen des Unternehmens: Mundhygiene, Körperpflege, Haushalts-Oberflächen-Hygiene, Textilpflege und Haustiernahrung. Die Produkte werden unter weltweit bekannten Markennamen wie Colgate, Palmolive, Sorriso, Ajax, Softsoap und vielen anderen angeboten.

Johnson & Johnson (WKN: 853260)
Dividende: 2,83%
5-Jahres-Performance: 61%

Johnson & Johnson ist ein international tätiger Hersteller und Anbieter von Health-Care-Produkten. Das Unternehmen offeriert eine umfangreiche Produktpalette an Markenprodukten wie Penaten, Johnson's oder Neutrogena, Bebé, Listerine und Carefree. Zum Portfolio gehören sowohl verschreibungspflichtige wie auch frei erhältliche Präparate, darunter Wirkstoffe gegen Pilzinfektionen, Augentropfen, Schmerzmittel und Kontaktlinsen. Durch die Übernahme des Schweizer Medizintechnikunternehmens Synthes ist das Unternehmen außerdem verstärkt auf dem Orthopädie-Markt tätig. Weitere durch Akquisitionen ausgebaute Geschäftsfelder sind die Diabetesforschung, Kardiologie sowie Krankheiten wie Schuppenflechte und Rheuma.

Unilever (WKN: A0JMZB)
Dividende: 3,24%
5-Jahres-Performance: 64%

Unilever ist einer der weltweit größten Anbieter von Markenartikeln in den Bereichen Ernährung, Körperpflege, Parfum, Kosmetik sowie Wasch- und Reinigungsmittel. Der wesentliche Teil des Unilever-Geschäftes besteht aus der Herstellung und dem Vertrieb von täglich gebrauchten Markenartikeln. Die beiden Unternehmen Unilever N.V. und Unilever plc bilden eine lose Einheit, welche von einem gemeinsamen Management geleitet wird und vertraglich eng miteinander verbunden ist. Zu den Produkten des

Unternehmens gehören unter anderem Deodorants, Körperpflegeprodukte, Haushaltsreiniger, Koch- und Backprodukte wie Dressings, Brotaufstriche und Tütensuppen sowie Getränke und Eiscreme. Unilever hält in seinen Produktkategorien einige weltweit bekannten Marken wie Axe, Dove, Knorr, Rama, Brunch, Livio, Lipton und Ben & Jerry's.

Procter & Gamble (WKN: 852062)
Dividende: 3,52%
5-Jahres-Performance: 14,20%
Procter & Gamble (P&G) ist ein US-amerikanischer Hersteller von Konsumgütern. Im Vordergrund der Unternehmensaktivitäten steht die Entwicklung und Produktion von Markenartikeln für die Bereiche Beauty, Textil- und Haushaltspflege, Hygiene, Gesundheits- und Babypflege, Nahrungsmittel und Getränke. Das diversifizierte Sortiment wird verkauft und in erster Linie an Großabnehmer, Lebensmittelhändler und Drogerien sowie kleinere Einzelhandelsfilialen abgegeben. Das Unternehmen baut außerdem seine Präsenz in Kaufhäusern, Parfümerien, Apotheken, Friseursalons sowie im Internet aus. Das umfangreiche Portfolio vereint zahlreiche Marken wie Oral-B, Always, Gillette, Lenor, Head & Shoulders, Charmin, Pantene, Ariel, Pampers oder Fairy.

Henkel (WKN: 604843)
Dividende: 1,73%
5-Jahres-Performance: 49 %

Die Henkel AG & Co. KGaA ist ein Produzent von Markenartikeln im Konsumenten- und Industriege-schäft. Die Produkte und Technologien des Konzerns kommen in zahlreichen Bereichen zum Einsatz: Haushalt, Handwerk, Körperpflege und Kosmetik, Büro, Schule, Hobby, aber auch in der Automobil-, Elektronik- und Verpackungsindustrie. Das Sortiment reicht von Kleb- und Dichtstoffen, Wasch- und Reini-gungsmitteln über Haarwasch- und anderen Pflege-mitteln, Hautpflegeprodukten, Deodorants, Bade- und Duschzusätzen sowie Zahnpflegeprodukten. Zu den bekanntesten Marken des Unternehmens gehören Fa, Pattex, Persil, Perwoll, Pril, Pritt, Schauma, Sil, Somat, Spee und taft.

Reckitt Benckiser Group (WKN: A0M1W6)
Dividende: 2,6 %
5-Jahres-Performance: 46%

Reckitt Benckiser plc mit Hauptsitz in Großbritannien ist ein Hersteller von Produkten für die Bereiche Ge-sundheit, Hygiene und Haushalt. Die bekanntesten Markenprodukte der Reckitt Benckiser plc sind: Fi-nish, Lysol, Dettol, Vanish, Woolite, Durex, Calgon, Airwick, Harpic, Bang, Mortein, Veet, Nurofen, Clea-rasil, Strepsils, Gaviscon, Mucinex, Scholl und French's. Mit Niederlassungen in mehr als 60 Ländern verkauft das Unternehmen seine Produkte in rund 200 Ländern.

Trend #9: Gesoffen wird immer

Wusstest du, dass jeder Weltbürger im Schnitt 6,2 Liter Spirituosen trinkt? Schnaps-Investments sind traditionell eher ein Männer-Ding. Etwas, das Frauen kaum nachvollziehen können. Ich selbst trinke am liebsten nur Wasser. Wir Frauen verstehen nicht, wieso jemand für irgendeinen sauteuren Macallan Fusel 628.000 Dollar ausgeben kann. Dafür bekommt man schließlich viele funkelnde Tiffany Ohrringe, Manolo Blahnik Schuhe, Louis Vuitton Handtaschen und Burberry Klamotten.

Mit diesen Aktien bekommst du kein Börsen-Hang-Over:

Diageo (WKN: 851247)
Dividende: 2,38 %
1-Jahres-Performance: 17%
Der Tag geht, Johnny Walker kommt … und Baileys, Guiness, Gordon's Gin und Smirnoff.
Der Konsumtitel überzeugt mit solider Dividenden-rendite. Die Firma ist mit 50 Marken die Nummer eins im Spirituosenbereich. Die Firma kauft kleine Edel-Destillen und baut damit seinen Marktanteil im oberen Preissegment kontinuierlich aus. Das schwache Pfund und eine steigende Nachfrage im Edelsegment sind Gründe für ein Umsatzplus im letzten Jahr. Im Branchenvergleich ist die Aktie günstig – die Gewinne wachsen stetig. Diageo besitzt 34 % Anteile an LVMH und hält Anteile an United Spirits (Indien)

Altria (WKN: 200417)
Dividende: 5,15 %
5-Jahres-Performance: 82 %

Altria ist ein international tätiger Konzern, der neben Tabakprodukten auch Weine und verschiedene Finanzdienstleistungen anbietet. Zu den bekannten Produkten der Firma gehören Zigarettenmarken Marlboro und L&M. Die Firma ist mit seinen Produkten in mehr als 150 Ländern vertreten.

Suntory Beverage & Food Ltd (WKN: A1WZT4)
Dividende: 1,66 %
5-Jahres-Performance: 38%

Suntory Holdings K.K. ist ein japanischer Getränkehersteller und mit einem Marktanteil von ca. 70 % Japans größter Whisky-Hersteller. Suntory gehört zu den fünf größten Spirituosenkonzernen weltweit. 2014 übernahm die Firma Jim Beam und avancierte zu Beam Suntory. Die Firma erhielt 2016 mehrere Auszeichnungen für einige ihrer Whiskysorten. 2013 übernahm die Firma die Getränkesparte von GlaxoSmithKline für 1,35 Milliarden Pfund.

Pernod-Ricard S.A. (WKN: 853373)
Dividende: 1,66 %
5-Jahres-Performance: 55 %

Der französische Hersteller von Ballantines-Whisky ist der weltweit zweitgrößte Spirituosenproduzent. Die Firma kaufte kleinere Label auf und spezialisiert sich auf lokale Marken. Das Comeback hochwertiger Whisky - und Cognacsorten sorgt für Kursfantasien. Eine Flasche louis xiii kostet beispielsweise 2000 Euro

– die Nachfrage nach hochpreisigen Premium Marken steigt.

Berentzen Gruppe (WKN: 520160)
Dividende: 3,59 %
5-Jahres-Performance: 62 %
Der Wellnesstrend schlägt sich im Sortiment der Firma nieder. In den Bars sind Mocktails gefragt, so werden alkoholfreie Cocktails genannt. Der deutsche Getränkeproduzent hat 2014 den Pressenhersteller Citrocasa gekauft und setzt jetzt auch auf Frischsaft. Dem Aktienkurs hat die Mischung gut getan.

Brown-Forman Corp. (WKN: 856693)
Dividende: 1,31 %
5-Jahres-Performance: 112 %
Familiengeführtes Unternehmen (Familie Brown).
Brown-Forman ist ein internationales familiengeführtes Unternehmen. Zum Kernsegment gehören Whisky, Wodka, Likör, Tequila, Champagner und Wein. Die Firma hat den US Whisky-Bestseller Nummer 1, Jack Daniel's, im Produktportfolio.
Zu den bekanntesten Produkten gehören neben Jack Daniel's, Finlandia Vodka sowie die Tequila Marken el Jimador und Herradura.
Die Firma ist sehr profitabel (hohe Margen) und die Aktie wird von Aktienrückkäufen sowie vom hohen Umsatz-und Gewinnwachstum getrieben.

Constellation Brands Inc. (WKN: 871918)
Dividende: 1,38 %
3-Jahres-Performance: 73 %

US-amerikanischer Konzern mit weitem Produktportfolio (Wein, Bier, Spirituosen). Aufgrund der starken
Übernahmetätigkeit konnte die Aktie kräftig zulegen.
Allein im Jahr 2013 erweiterte die Firma ihr Produktsortiment mit bekannten Biermarken wie Corona,
Modelo und Pacifico. Die Firma beeindruckt ihre Aktionäre mit sehr hohem Umsatzwachstum sowie einem hohen Kurszuwachs. Vorsicht ist allerdings geboten, da die Übernahme von anderen Firmen ganz
schön ins Geld geht. Folglich ist die Firma hochver-
schuldet und zahlt zudem eine sehr geringe Dividende.

Castle Brands (WKN: A0ESWN)
Dividende: 0%
5-Jahres-Performance: 332 %

Die US amerikanische Bier- und Spirituosen Firma ist
nichts für schwache Nerven, wird aber genannt, weil
mächtig viel Wind um sie gemacht wird. Einerseits
besteht enormes Übernahmeinteresse unter anderem
von Constellation Brands, andererseits, schloss die
Firma erst zum Jahresbeginn 2017 einen Deal mit
Walmart ab. Heißt: Sie wird zu einem neuen Bierliefe-
ranten des Supermarktgiganten. Den Kurs beflugeln
zudem Übernahmespekulationen durch Spirituosen
Riesen wie Diageo oder Pernod-Ricard. Es bleibt
spannend, aber Vorsicht ist dringend geboten.

LVMH (WKN: 853292)
Dividende: 1,96 %
5-Jahres-Performance: 120 %
LVMH Moet Hennessy Louis Vuitton ist ein Luxusgü-
ter-Konzern und wurde bereits im Abschnitt weiter
oben genannt. Dieser Wert deckt ein breites Spektrum
ab: Das Portfolio des Unternehmens besteht aus mehr
als 60 Prestige-Marken aus den Bereichen Wein &
Spirituosen (Moet Hennessy oder auch Dom Perignon, Veuve Cliquot), Mode & Lederwaren, Parfüm &
Kosmetik sowie Uhren & Schmuck.

Trend # 10: Elektroautos sind die Zukunft

Den Tesla-Hype sah kaum jemand kommen. Die Aktie des amerikanischen eAuto-Herstellers stieg in den
letzten fünf Jahren um mehr als 1160 Prozent. Die
Aktie notiert um die 273 Euro und scheint ungebremst zu steigen. Doch es gilt Vorsicht: Tesla verkör-
pert die Idee, dass eines Tages viele Autos verkauft
werden. Die Firma ist aktuell noch weit davon ent-
fernt, profitabel zu sein. Der Aktienkurs wird alleine
von der Vision belebt. Verbirgt sich dahinter nur hei-
ße Luft? Schwer zu sagen. Wir raten zur Vorsicht.
Trotzdem bedeutet es nicht, den Fokus auf das eAuto-
Zeitalter komplett zu verdrängen. Schauen wir zunächst auf die Zutaten eines eAutos, an Lithium führt
auf jeden Fall kein Weg vorbei.

Lithium
Teslas Lithium-Ionen-Fabrik richtet den Focus auf
Lithium. Teslas Model 3 kann sich bald auch die Mas-

se leisten. Der enorme Bedarf an wieder aufladbaren Lithium-Ionen-Batterien liegt auf der Hand.

Zu den Top-Lithium Minen-Werten gehört neben FMC Corporation die Firma:

Albemarle Corp. (WKN: 890167)
Dividende: 1,40 %
1-Jahres-Performance: 78 %
Die Firma zählt zu den größten Anbietern von Lithium und verfügt über verschiedene Primärquellen wie z.B. Salar de Atacama (Chile) und Silver Peak (Nevada), darüber hinaus hält sie einen 49 % Anteil an Talison Lithium.

Swatch Group (WKN: 865126)
Dividende: 1,84 %
3-Jahres-Performance: 3,86%
Swatch kennt man aus dem Uhrenbereich. Die Aktie enttäuschte in den letzten 5 Jahren. Doch Achtung: Die Firma richtet sich jetzt neu aus. Ihre Aktivitäten weisen positiv in Richtung Zukunft. Denn Swatch wird zum Lieferanten von eAuto-Batterien. Zudem präsentierte die Firma kürzlich den kleinsten Bluetooth Chip der Welt. Einsatzmöglichkeiten gibt es viele, seien es Kopfhörer, Fitnessarmbänder oder Lautsprecher. Mit dem neuen Standard Bluetooth 5.0 werden Daten energiesparend noch schneller und mit größerer Reichweite übertragen. Denkbar sind zudem mehrere Verbindungen gleichzeitig.

Geely Automobile Holdings Ltd. (WKN: A0CACX)
Dividende: 2,07 %
5-Jahres-Performance: 512 %
Für Risikoliebhaber ist die Firma Geely ein vielversprechender Wert am Aktienmarkt. Der Zukauf von Volvo im Jahr 2010 verhalf dem chinesischen Automobilhersteller zu neuen Rekordumsätzen. Die Firma profitiert vor allem von der hohen Nachfrage im Heimatmarkt nach SUVs. Dennoch: Die Wachstumsprognose von Geely stellt Firmen wie BMW, Daimler und VW in den Schatten. IHS Markit prognostiziert ein Wachstum von 26 Prozent im Vergleich zum Vorjahr. Die Aktie legte alleine in den letzten drei Jahren über 400 Prozent zu. Enorme Subventionen durch die Regierung Chinas fließen in die Entwicklung von eAutos. Die Firma hat damit viel Spielraum für innovative neue Produkte.

Trend # 11: Wir bleiben Kinder: Und zocken gerne Playstation & Co.

Und deswegen spielen wir auch als Erwachsene wahnsinnig gerne. Dass man dabei spielerisch reich werden kann, übersehen die meisten. Die Branche boomt. Aktienkurse von Firmen wie Electronic Arts und Activision Blizzard kennen nur eine Richtung. Die Gründe sind naheliegend: Sie produzieren einen Bestseller nach dem Anderen. Überdies wächst die Spiel-Community in einem Wahnsinnstempo. Gamer sind die neuen Superstars. Plattformen wie Youtube und Game Conventions machen sie zu Multimillionären.

Zu den Top-3 US-Video-Spieleherstellern gehören:

Activision Blizzard (WKN: A0Q4K4)
Dividende: 0,44%
5-Jahres-Performance: 392%

Sagen dir Begriffe wie Starcraft, Diablo, Counterstrike, Candy Crush, Bubble Witch oder Warcraft etwas? Dann frag doch mal im Bekanntenkreis rum. Sicher entpuppt sich der eine oder andere als Hardcore-Gamer. Fakt ist: Video- und Handyspiele machen verdammt süchtig. Activision Blizzard und Electronic Arts liefern mit »Monopoly Game« und »Plants vs. Zombies« nicht nur Video-Games, sondern auch die heißbegehrten Handyspiele. Die Firma hat ordentlich Cash. Und Cash ist King um weitere Zukäufe von Spiele-Entwicklern zu ermöglichen – und das Activisions Erfolgsstrategie. Das macht die Firma noch größer und mächtiger. In den letzten fünf Jahren legte die Aktie über 400 Prozent zu, Tendenz steigend. Unsere Meinung: Bei einem Kurs von 50 Euro ist noch lange nicht Schluss. Obendrauf zahlt Activision Blizzard als einzige der drei genannten Firmen eine jährliche Dividende. Das macht die Aktie zu einem meiner Favoriten.

Electronic Arts (WKN: 878372)
Dividende: 0%
5-Jahres-Performance: 508%

Die an der Technologiebörse Nasdaq gelistete Firma ist ständig im Gespräch. Neuigkeiten zufolge will sie die neue Nintendo Switch Konsole mit vielen Spielen versorgen. Das ist aber nur ein Argument, wieso wir an das langfristige Wachstumspotenzial der Firma glauben. Erstens: Electronic Arts liefert die besten Sport Games: NBA, FIFA. Und zweitens hat die Firma auch für Sporthasser einiges zu bieten. Seien es Egoshooter-Spiele wie Battlefield 1 oder Simulationsspiele wie Die Sims 4. Die Aktie schaffte fast 750 Prozent in den vergangenen fünf Jahren. Man könnte meinen, die Story sei gelaufen. Denkste! Bei 96 Euro steht die Aktie gefühlt hoch. Grund für den Erfolg der Firma ist das unschlagbare Spieleportfolio: Battlefield 1 und Fifa 17 sind nur zwei Produkthighlights. Star Wars: Battlefront 2 ist ein weiterer Lichtblick. Die Firma betreibt exzellente Kurspflege in Form von Aktienrückkäufen. Meine Meinung: Das Game ist noch lange nicht over!

Take-Two Interactive Softw. (WKN: 914508)
Dividende: 0%
5-Jahres-Performance: 730%
Der 1993 gegründete Spiele-Entwickler und Verleger begeistert seine Fans mit vielen Wow-Momenten, Grand Theft Auto (GTA), BioShock oder Borderlands sind einige von ihnen. Seine Aktionäre erfreuten sich gleichzeitig einer fetten 5-Jahres-Rendite von 530 Prozent. Innerhalb des vergangenen Jahres verdoppelte sich der Aktienkurs. Aktuell liegt er bei 60 Euro bei einem Kurs Gewinn Verhältnis von 24. Die Aktie gilt noch lange nicht als überbewertet, denn die Firma betritt mit der diesjährigen Übernahme von Social-Point den Handy-Spielemarkt. Zu den erfolgreichsten Spielen gehören Dragon City und Monster Legends. Laut Marktforscher Newzoo wächst das Geschäft mit

Handyspielen bis 2020 jedes Jahr durchschnittlich um 14 Prozent auf 58 Milliarden Dollar. Die Firma ist einen genauen Blick wert. Die neuen Favoriten sind Pray und Red Dead Redemption.

Meine Meinung: Macht Lust mitzuspielen!

Trend #12: Währungen kommen und gehen. Gold bleibt.

Das wussten schon die Brüder Grimm in ihren Märchen vom Goldesel und Frau Holle. Und? Sie hatten Recht. Seitdem 1971 Präsident Nixon die Goldbindung des Dollar aufhob, explodierte dessen Wert. Heißt: Verlasse dich nicht zu stark auf den Euro. In krisengebeutelten Zeiten wie diesen zählen Rohstoffwerte, die mit Gold unterlegt sind, zu den lukrativen Investments. In Form von Münzen wie dem kanadische Maple Leaf, Goldbarren oder Aktien kann man sich mit dem Rohstoff eindecken. Zugegeben: in physischer Form ist Gold am beliebtesten. Die Deutschen horten privat rund 8.700 Tonnen des Edelmetalls. Sie sind wahre Gold Digger und bunkern mehr als die Bundesbank. Wer keine Lust hat, sich einen im Boden verankerten Safe zuzulegen, sollte sich diese Aktion zumindest ins Musterdepot legen. Goldkaufen war noch nie so einfach. Mein Fazit: Wer gut streut, gewinnt. Heißt: Der Rohstoff sollte 10 bis 15 Prozent deines Depots ausmachen. Noch mehr Gold-Infos findest du übrigens auf dem Finanzdiva – Das Magazin - YouTube Kanal.

Meine Gold Favoriten im Überblick:

Franco Nevada Corp. (WKN: A0M8PX)
Dividende: 1,23%
5-Jahres-Performance: 89 %
Bergbauunternehmen mit Sitz in Kanada, exploriert bzw. fördert Edelmetalle und Rohstoffe, wie Erdgas, Rohöl, Nickel, Kupfer, Gold.

Royal Gold Inc. (WKN: 885652)
Dividende: 1,06%
5-Jahres-Performance: 95 %
Bergbauunternehmen mit Sitz in USA, exploriert bzw. fördert Edelmetalle und Rohstoffe, wie Kobalt, Nickel, Kupfer, Gold.

Newmont Mining Corp. (WKN: 853823)
Dividende: 1,48 %
3-Jahres-Performance: 103 %
Das Bergbauunternehmen mit Sitz in den USA fördert Edelmetalle und Rohstoffe, wie Zink, Kupfer, Silber, Gold.

Trend # 13: Mensch gegen Maschine: Unsere Tech-Stars bleiben im Rennen

Was in Vergangenheit gut war, muss in Zukunft nicht schlecht sein. »The trend is your friend.« Am Beispiel der Firma Alphabet bestehen keine Zweifel, dass es weiter bergauf an der Börse geht.

Alphabet (WKN: A14Y6F)
Dividende: 0 %
5-Jahres-Performance: 221 %

Die Google Mutter gehört zur zweitgrößten Firma im S&P 500 Index (nach Marktkapitalisierung, also dem Kurs multipliziert mit der ausgegebenen Anzahl an handelbaren Aktien). Künstliche Intelligenz in Form von selbstfahrenden Autos, helfenden Haushaltsrobotern oder Sprachübersetzerprogrammen ist keine Zukunftsmusik mehr. Computerprogramme schaffen es inzwischen, die Züge von Menschen vorherzusagen. Das Programm AlphaGo schaffte es beispielsweise locker, die Weltrangbesten Lee Sedol und Fan Hui im Brettspiel Go zu schlagen.

Die Alphabet Kennzahlen im Überblick: (Stand 2017) Alphabet hat 73 Milliarden US-Dollar Barreserven.

23,4 Milliarden US-Dollar Gewinn erzielte Alphabet 2015.

256 Start-Ups hat Alphabet im Portfolio.

Google X bezeichnet das Experimentierfeld für das Google-Auto und Google Glass.

Zu Alphabet gehören viele Firmen, unter anderem auch Google. Google hat einen Marktanteil von 90% (Wow!) Zu Google gehören übrigens auch Android, G-Mail, G-Maps, G-Chrome und Youtube. Mit Youtube will Alphabet bis 2020 übrigens rund 1,6 Mrd. US-Dollar an Werbeeinnahmen generieren.

Auch Other Bets gehört zu Alphabet. Other Bets im Detail sind Tochter-Firmen wie Calicio, Nest, Fiber, Sidewalk, Google Ventures, Google Capital, Project Zero, Google X. Other Bets macht aktuell noch Verlust, die Umsatzzuwächse sind aber positiv. 21 Beteiligungen an Tech-Unternehmen hat Google Capital.

Meine Meinung: Zugegeben: Die Alphabet Aktie erscheint auf den ersten Blick mit einem aktuellen Kurs (08/2018) um die 1.063 Euro etwas teuer. Das sollte aber nicht abschrecken. Die Firma zählt zu meinen absoluten Tech-Favoriten.

Kleiner Mini-Trend im Tech-Bereich: Das Fernsehen stirbt aus
Mit Amazon, Netflix, Alphabet's Youtube in die Zukunft..

Amazon (WKN: 906866)
Dividende: 0%
5-Jahres-Performance: 565%
Die Firma ist zweifellos ein Gigant im e-Commerce und Cloud Computing-Bereich. Und: Wir kennen und lieben das Geschäftsmodell. Also worauf warten wir eigentlich noch? Wir können nicht mehr ohne. Wer noch kein Amazon Prime Serienjunkie ist, wird es sicherlich bald werden. Der Druck von Freunden und Bekannten ist enorm. Es reizt nicht nur das Serienabo, sondern auch der ultraschnelle Lieferservice. Fakt ist: Immer mehr Menschen sind Online-Shopping-süchtig. Amazon ist die erste Adresse, wo man das Produkt der Begierde sucht. Konkurrenz belebt den Aktienkurs der Firma, denn sie kauft ihre Konkurrenten auf, wenn diese zu mächtig werden sollten.
Mein Fazit: Ein Rendite-Garant.

Facebook (WKN: A1JWVX)
Dividende: 0%
5-Jahres-Performance: 486%

Wettbewerb? Nicht bei Facebook. Man entkommt dem Giganten nicht wirklich. Wer denkt, Instagram sei cooler, befindet sich auch im riesigen sozialen Netz von Mark Zuckerberg. Social Media boomt. Und Facebook ist die Nummer eins. Gemäß alexa.com verbringt der Durchschnittsnutzer 13 Minuten pro Tag auf Facebook. Das macht 79 Stunden pro Jahr (autsch!), die wir Facebook unsere Daten über unsere Gewohnheiten und Vorlieben zur Verfügung stellen. Und Facebook vergisst nichts. Damit ist Facebook der Premiumanbieter im Werbemarkt und kann Alphabet locker das Wasser reichen. Überdies begeistert Facebook mit Oculus Rift die Virtual Reality-Fans. Der Hype um die VR-Brille ist erst am Anfang. Firmen wie Samsung und HTC profitieren zugleich vom Virtual Reality Trend. Und noch etwas: Sony sollte man hier besonders auf der Watchliste im Auge behalten. Denn die Firma liefert nicht nur das VR-Headset sondern auch die passende VR-Konsole.

Mein Fazit: Facebook ist und bleibt ein Depot-Diamant. Gerade weil wir der Firma unsere Daten schenken, sollten wir uns im Gegenzug als Aktionär bei der Firma unseren zustehenden Anteil zurückholen. Dann macht Social Media noch viel mehr Spaß.

iRobot (WKN: A0F5CC)
Dividende: 0%
5-Jahres-Performance: 164%
iRobot ist der Marktführer (aus den USA) bei Saugrobotern. Es kann einfach alles: Saugen, Wischen, Mähen und Reinigen. Attraktiv sind die kleinen Helfer in verschiedenen Bereichen wie der Grünflächenpflege, der Reinigung von öffentlichen Plätzen, Glasfassaden, Restaurants, Hotels usw. Der Aktienkurs ist rekordverdächtig. Aktuell notiert die Aktie bei 85 Euro. Mit ihrer hervorragenden internationalen Präsenz und einer Top-Performance von 270 Prozent in nur drei Jahren ist die Firma ein Hoffnungsträger fürs Depot. Mit enormen Ausgaben für Forschung und Entwicklung bietet die Firma jede Menge Potenzial für Innovationen im Robotikbereich. Um sich gegen seine asiatische Konkurrenz Panasonic, Toshiba, Ecovacs und LG zu positionieren, ist die Firma im Premiumsegment angesiedelt.

Nvidia Corp. (WKN: 918422)
Dividende: 0,2%
5-Jahres-Performance: 1920%
Die Roboter sind längst schon da. Auch wenn man den Namen der japanischen Firma kaum aussprechen kann, überzeugt der Grafikchiphersteller Nvidia (Kürzel: NVDA) mit einer 5-Jahresperformance von über 1150 Prozent (Yes!). Damit ist die Firma ein weiteres Robotikunternehmen, das in der Herstellung von intelligenten Industrierobotern involviert ist.

Apple (WKN: 865985)
Dividende: 1,45%
5-Jahres-Performance: 248%

Apple? Hm, schwierig. Klar. Die Firma ist die Nummer eins im S&P 500. Zugegeben: man fragt sich, wo die Reise hingeht. Mit dem Tod von Steve Jobs verschwand die Vision. Der Firmenwert scheint bereits im Kurs eingepreist zu sein. Trotzdem: Man sollte den Tech-Giganten nicht unterschätzen. Gerüchte gibt es wie Sand am Meer, und die sorgen für Aufwind an der Börse. Man munkelt derzeit, Apple sei an Zukäufen in der Gaming-Industrie, den Rohstoff-Lizenzpartnern Liquid Metal oder Netflix interessiert. Mein Fazit: Vorsicht! Aber auf die Watchliste damit. Wettbewerber wie Samsung und Huawei schlafen nicht. Es bleibt auf jeden Fall spannend.

Adobe (WKN: 871981)
Dividende: 0%
5-Jahres-Performance: 506%

Wir alle kennen Adobe mit Produkten wie Acrobat Reader und Photoshop. Das Produkt-Portfolio ist breit diversifiziert. Die Firma macht jeden Monat fette Einnahmen. Der Aktienkurs überzeugte alleine im letzten Jahr mit einer Performance von über 76%. Eine breite Nutzerbasis und Cloud-Lizenzen mit neuen Angeboten im Marketing- und Creative-Cloud-Bereich machen das möglich. Auch wenn die Branche nicht so aufregend erscheint wie die Gaming-Industrie.

Fakt ist: Die Business-Welt kann und will nicht ohne Adobe. Das macht die Aktie zu meinem Top-Favorit.

Trend # 14: Der Self-Made-Traum der Digital Natives: Immer mehr Websites, immer mehr User

WIX.com (WKN: A1W7AU)
Dividende: 0%
3-Jahres-Performance: 257%
Wix gelang der bisher größte Börsengang eines israelischen Unternehmens. Die Firma bietet ihren Kunden ein Webseiten-Baukastensystem. Aber Vorsicht: Diese Aktie ist nur etwas für sehr risikofreudige Anleger. Mein Tipp: Ab auf die Watchlist und beobachten. Mehr nicht!

United Internet AG (WKN: 508903)
Dividende: 1,91 %
5-Jahres-Performance: 100 %
United Internet ist ein deutsches Unternehmen, das im Bereich Internet verschiedenartige Anwendungen und Applikationen entwickelt und vertreibt. Mit seinem Portfolio gehört der Konzern zu den führenden Anbietern in Europa. Das Unternehmen bietet unterschiedliche Internet-Zugangsprodukte sowie Applikationen für Privatanwender, Freiberufler und kleinere bis mittelgroße Firmen. Unter dem Schlagwort 'Internet-Fabrik' betreibt United Internet ein Entwicklungs- und Rechenzentrum. Der Konzern vermarktet die etablierten Marken GMX, WEB.DE 1&1 sowie united domains, fasthosts, InterNetX, Sedo oder affilinet.

AT&T Inc. (WKN: A0HL9Z)
Dividende: 6,15 %
5-Jahres-Performance: 0 %

AT&T Inc. zählt zu den weltweit größten Telekommunikationsunternehmen. Der Konzern ist ein führender Anbieter von mobilen und Festnetz-Telefondiensten in den USA. Die Produktpalette reicht von der Ortsgesprächsvermittlung über Mobilfunkkommunikation, Ferngespräche und Internetdiensten bis hin zum Verkauf von Telekommunikationsequipment, Datentransfer und Funk.

Verizon Communications (WKN: 868402)
Dividende: 4,64%
5-Jahres-Performance: 17%

Verizon Communications Inc. ist ein weltweit führender Telekommunikationsanbieter in den Bereichen Mobilfunk, Internet und Festnetz. Das Unternehmen zählt zu einem der größten US-amerikanischen Mobilfunkanbieter, mit über 100 Millionen Kunden allein in den USA. Das Angebotsspektrum umfasst mobile Kommunikationsprodukte und Datendienste für Privat- und Geschäftskunden sowie den Verkauf der entsprechenden Geräte, Handies und Accessoires wie Headsets, Bluetooth, Displayschutzhüllen und Akkus.

Trend #15: Gecremt und geschminkt wird immer: Smarte Beauty-Investments

Wenn man ans Schminken denkt, reagiert man nicht selten genervt. Denn: Makeup nervt, kostet Geld und wertvolle Zeit. Trotzdem können und wollen wir nicht ohne. Es geht uns nicht um den perfekten Look. Mit Makeup setzen wir ein Statement. Es verleiht uns ein Gefühl der Selbstsicherheit. Gerne verstecken wir uns dahinter, denn es verschleiert unser wahres Ich. Mit Makeup fühlt man sich ein wenig maskiert– wir werden vielleicht gerade dadurch etwas mutiger und nicht angreifbar. Ist es erst einmal aufgetragen, sind wir zufriedener. Entspannt starten wir durch den Tag mit der Gewissheit, eine dicke Mauer um uns errichtet zu haben. Finanzdiva hat sich für dich auf die Suche gemacht, welche Kosmetikfirmen auch deinem Depot einen makellosen Teint verleihen. Die folgenden fünf Firmen sind mit bekannten Marken und einem breiten Produktsortiment perfekt aufgestellt. Aufgrund der weltweit wachsenden Nachfrage bieten sie Stabilität, nachhaltiges Wachstum und Dividende obendrauf. Gespannt?

Los geht's!

Eyecatcher: die Beauty-Watchlist der Finanzdiva

Inter Parfums Inc. (IPAR) (WKN: 883617)

Dividende: 1,56 %

5-Jahre-Performance: 95 %

Wie der Name schon verrät, ist Parfum das Kerngeschäft der Firma, zu ihr gehören Marken wie Balmain, Boucheron, Coach, Jimmy Choo, Karl Lagerfeld, Lanvin, Montblanc, Paul Smith, S.T. Dupont, Repetto, Rochas, Van Cleef & Arpels, Abercrombie & Fitch, Agent Provocateur, Anna Sui, bebe, Dunhill, Hollister, French Connection, Gap, Oscar de la Renta, and

Shanghai Tang. Für alle Parfum-Junkies ist Inter Parfums ein Geheimtipp fürs Depot.

Nu Skin Enterprises Inc. (NUS) (WKN: 903911)
Dividende: 1,88 %
3-Jahre-Performance: 81 %

Die Produktpalette von Nu Skin reicht von Anti
Aging-Produkten, über Haarpflege bis zu Nahrungs-
mittelergänzungsmitteln sowie Mitteln zur Gewichts-
reduktion. Die Umsätze stagnieren seit 2014. Die Firma ist alles in allem ein Diamant am Beauty-Horizont.
Die Zukunftsaussichten für Anti-Aging- und Nah-
rungsergänzungsmittel sind hervorragend. Das sollte
langfristig mächtig Cash in die Kasse der Firma spü-
len. Seit diesem Jahr erfreute Nu Skin seine Aktionäre
zudem mit einer Dividendenerhöhung. Auch wenn
der Kurszuwachs im 5-Jahres-Verlauf etwas lang-
weilt, ist die Dividende ein wichtiger Faktor, der
zeigt, dass die Firma seine Investoren bei Laune hält.
Meine Meinung: Der Wert ist nichts für Risikoscheue
– ab auf die Watchlist und erst einmal beobachten.
Mehr nicht!

Coty Inc (COTY) (WKN: A1WY6X)
Dividende: 3,53 %
3-Jahre-Performance: -10 % (autsch! Was ist denn da
los?)
Aktueller Kurs: 11.40 Euro

Auf den ersten Blick enttäuscht COTY mit negativen
Bilanzkennzahlen wie EBIT. Trotzdem will ich dir den
Wert nicht vorenthalten. Interessanterweise gehört die
Mehrheit des Duftmultis COTY der JAB Holding

Company s.à r.l. Dahinter steckt kein anderer als die Finanzholding der schwerreichen deutschen Unternehmerfamilie Reimann. Das verwaltete Vermögen von JAB beläuft sich derweil auf 70 Milliarden Dollar. Nicht schlecht, oder? JAB hält Anteile unter anderem an Jimmy Choo, am Waschmittelriesen Reckitt Benckiser (Calgon, Kukident) und dem Duftmulti Coty. Seit einigen Jahren investiert die Holding vor allem in Kaffeeröster und Coffeeshops.

Und nun die Details zum Kerngeschäft von COTY. Es ist vielseitig: Parfum, Gesichtspflegeprodukte sowie Kosmetik machen das Sortiment aus. Zu den bekanntesten Parfum-Marken zählen Calvin Klein, Marc Jacobs, Davidoff, Chloé, Balenciaga, Beyoncé, Bottega Veneta, Guess?, Katy Perry, Miu Miu, and Roberto Cavalli.

Meine Meinung: Nichts für Angsthasen. Für Risikoliebhaber definitiv ein Watchlist-Kandidat. Mehr nicht!

Beiersdorf (WKN: 520000)
Dividende: 0,72 % (*gähn*)
5-Jahres-Performance: 45 %
Zurück nach Deutschland, genauer gesagt nach Hamburg, Firma Beiersdorf. Gründer war der Apotheker Paul C. Beiersdorf. Gemeinsam mit Prof. Dr. Paul Gerson Unna entwickelte er ein Verfahren zur Herstellung von medizinischen Pflastern und meldete sein erstes Patent an. Das Datum der Patentschrift, der 28. März 1882, gilt zugleich als Gründungsdatum der Firma. Ein Jahr später verkaufte Beiersdorf die Apotheke und zog mit dem Laboratorium nach Altona,

heute ein Stadtteil von Hamburg. Der Apotheker Dr. Oscar Troplowitz erwarb 1890 das Laboratorium von Paul C. Beiersdorf und baute dieses rasch zu einem führenden Markenartikel-Unternehmen aus.

Ich muss gestehen – ich liebe Nivea Creme. Die blaue Dose und der saubere Duft erinnern mich an meine Kindheit. Mein Badezimmer ist voll mit Produkten von Beiersdorf. Wer jetzt denkt, dahinter verbirgt sich nur Nivea, irrt. Das Sortiment ist vielseitig und international bekannt und deswegen ist die Firma bestens aufgestellt. Zu den bekanntesten Marken des Konzerns gehören Nivea, Eucerin, Labello, 8×4 und La Prairie. Zudem ist der Unternehmensbereich tesa einer der führenden Hersteller von selbstklebenden Produktlösungen für Industrie- Gewerbe- und Endverbraucher.

Meine Meinung: Was seit über 100 Jahren bewährt ist, sollte man nicht unterschätzen. Gecremt, geduscht und gepflastert wird immer. Auch wenn die Dividende enttäuscht, ist die Kursentwicklung der vergangenen Jahre eine Augenweite.

L'Oréal S.A. (WKN: 853888)
Dividende: 1,85 %
5-Jahres-Performance: 62 %

Vom Tellerwäscher zum Millionär werden kann man auch in Frankreich. Dies gelang Eugène Schueller, dem L'Oréal-Gründer. Nun folgen ein paar Details zum Kosmetik-Giganten. Zu dem französischen Konzern gehören über 32 internationale Marken. Zu den Haarpflegeprodukten und Kosmetika gehören Marken wie L'Oréal, Bioterm, Maybelline, Kiehl's, The

Body Shop, Essie, Helena Rubinstein, Giorgio Armani, Garnier, Lancôme oder Vichy. Gegründet wurde die Firma 1909 von Eugène Schueller. Seine im September 2017 verstorbene Tochter Liliane Bettencourt hatte es immerhin unter die Forbes-Top 20-Liste der reichsten Menschen der Welt geschafft. Ein Gericht hatte der Dame schwer zugesetzt und sie aufgrund ihres Demenz-Leidens im Jahr 2011 entmündigt. Sie durfte nicht mehr alleine über ihr Vermögen entscheiden. Die Vormundschaft übernahm ihr ältester Enkel Jean-Victor Meyers.

Noch etwas am Rande: Über der Firma schwebt eine dunkle Vergangenheit voller Geheimnisse und Skandale. Schueller zählte zusammen mit Bettencourts Gatten André auch zu den Kreisen, die jene Rechtsterroristen aktiv unterstützten und finanzierten, die hinter dem Attentat 1941 und weiteren Anschlägen steckten. Alle dreckigen Details gibt's sogar als Buch »Les Bettencourt. Derniers Secrets« (Die Bettencourts. Letzte Geheimnisse) und bald auch als Film.

Meine Meinung: Nicht zu unterschätzen ist die üppige Quellensteuer Frankreichs. Diese vermiest einem schnell die Laune. Überlege, ob Kurszuwachs plus Dividende ausreicht, um dich zufrieden zu stellen. Einen Steuer-Schnell-Check findest du übrigens in Teil 3 des Buchs.

The Estée Lauder Companies Inc. (EL)
(WKN: 897933)
Dividende: 1%
5-Jahres-Performance: 135 %
So gut wie jeder kennt die Firma und mag ihre Produkte. Zugegeben, ganz billig sind sie nicht. Das bringt jedoch ordentlich Umsatz. Mehr als 10 Milliarden Dollar macht Estée Lauder zur Cash Cow. Zu den Top-Marken dieser Firma gehören neben Estée Lauder, Clinique, Bobbi Brown, La Mer, Jo Malone London, M·A·C, Aramis und viele mehr. Zudem bestehen Lizenzvereinbarungen mit Tommy Hilfiger, Donna Karan New York, , DKNY, Michael Kors und Tom Ford.

Trend #16. Trainiert wird immer

Menschen und Tiere haben keine Lust daran, sich aus purer Freude zu bewegen. Schon seit der Steinzeit mussten sich Menschen nur bewegen, um etwas Essbares zu beschaffen, oder um Sex zu haben. Und wenn der Säbelzahntiger in der Nähe war, musste man schlagartig die Flucht ergreifen. Dank Lieferando, Tinder und königlich spanischen Großwildjagden oder der Sportschau muss sich heutzutage niemand mehr bewegen. Die Fitness-Industrie musste sich also etwas einfallen lassen, um die Menschen für Sport zu begeistern. Und sie schaffte es. Immerhin gelang es ihr, innerhalb der letzten zehn Jahren, dreimal besser dazustehen, als der breite US-Index S&P 500. Die Kurse der 16 größten Sportartikelfirmen stiegen in diesem Zeitraum im Durchschnitt um 338 Prozent.

Durchs Internet gelang es beispielsweise problemlos, den Trend für ein aktives und gesundheitsbewusstes Leben zu verstärken. Vor Youtube-Superstars kann sich weltweit niemand mehr retten. Alle haben etwas gemeinsam: Sie sehen verdammt gut aus, denn sie trainieren regelmäßig. Von ihnen lernt man, dass coole Leute sportlich sind. Und somit gibt man automatisch mehr Geld für Sportbekleidung aus. Und das wird auch in Zukunft so sein. Denn die Globalisierung hat auch etwas Gutes: Man kann durch sie Trends besser abschätzen. Denn die Welt ist kleiner geworden. Heißt: Egal, in welchem Land wir leben, wir werden uns immer ähnlicher, was unseren Lifestyle und unser Konsumverhalten betrifft. Auch die Menschen in Schwellenländern lernen auf ihrem dem Weg zur Industrienation neue Wünsche und Gewohnheiten kennen. Die beiden Größten unter ihnen – Nike und Adidas – haben noch lange keinen Grund zur Sorge. Denn der heute rund 280 Milliarden Dollar große Markt wird noch lange weiter wachsen. Und noch etwas: 90 Prozent aller in den USA gekauften Schuhe werden nicht einmal beim Sport getragen. Anhand von Trends ist es einfach, lukrative Ideen fürs Depot zu finden. Welche Firma fällt dir zuerst ein, wenn du an Sportartikelhersteller denkst? Bei mir ist es Adidas. Zunächst schaue ich mir aber Nike genauer an.

Nike (WKN: 866993)
Dividende: 1,12 %
5-Jahres-Performance: 180%

Nike ist die Nummer eins unter den Sportartikelherstellern. Der US-Konzern gilt als einer der größten Händler von Sportschuhen und -kleidung. Die Firma vermarktet ihre Produkte weltweit über Groß- sowie Einzelhändler, Brand-Stores, über das Internet und Zwischenhändler.

Adidas (WKN: A1EWWW)
Dividende: 1,71 %
5-Jahres-Performance: 117%

Adidas ist die Nummer zwei unter den Marktführern. Was ihren sportlichen Aktienkurs angeht, ist sie jedoch meine Nummer eins. Die adidas AG ist eines der weltweit führenden Unternehmen der Sportartikelbranche mit einem umfassenden Produktsortiment. Die Marken adidas, Reebok, TaylorMade-adidas Golf sowie CCM Hockey sind in nahezu jedem Land der Welt erhältlich.

Under Armour (WKN: A2AF8T)
Dividende: 0 % (nicht wirklich prickelnd!)
5-Jahres-Performance: 36%

Under Armour ist im Vergleich zu Adidas und Nike ein Neuling unter den Sportartikelherstellern. Die Firma ist ein international tätiger Konzern, der versucht Adidas und Nike den Rang abzulaufen. Mit TV-Stars wie beispielsweise »The Rock« Dwayne Johnson könnte ihr das sogar gelingen. Kennst du schon den Under-Armour-Slogan? »Your parents wore Adidas, we wore Nike, our kids wear Under Armour. « Diese Aussage macht mich nachdenklich und ich finde – es stimmt! Wer das nicht glaubt, sollte einfach mal in einer Großstadt ins Fitnessstudio gehen oder U-Bahn fahren und sich umschauen, welche Klamotten die Leute, insbesondere Jugendlichen tragen. Trotzdem: An der Börse sind Neulinge gefährlich. Du musst hier besonders vorsichtig sein, was beispielsweise die Snapchat-Aktie nach ihrem Börsengang gezeigt hat. Das Ergebnis für Aktionäre war enttäuschend. Jedoch nur für die, die zu früh eingestiegen sind. Geduld ist bei Neulingen das wichtigste Erfolgsrezept. Halte dich besser an den Marktführer, wie Nike in diesem Beispiel. Auch die Nummer zwei ist unter Risiko-Gesichtspunkten nicht zu verachten. Neulinge hingegen sind nur etwas für besonders risikofreudige Aktionäre, was die Kurskatastrophe von Under Armour in den letzten Jahren zeigte. Bei ca. 75 Euro gab es einen Aktiensplit und seitdem ging es tief bergab. Der Aktienkurs dümpelte bis Januar 2018 bei 10 Euro rum. Aber wie sagt man? Die Hoffnung stirbt zuletzt. Seit Februar 2018 kam Bewegung ins Spiel. Der Aktienkurs verdoppelte sich und erreichte über 20 Euro. Die Trendwende ist eingeleitet. Gerade deswegen liegt der Wert auf meiner Watchlist. Es bleibt spannend wie es bei Under Armour weitergeht!

Teil 3

»Lots of people want to ride with you in the limo, but what you want is someone who will take the bus with you when the limo breaks down.«

(Oprah Winfrey)

Das waren eine Menge Trends. Du kannst jetzt erst einmal entspannt durchatmen. Dein Börsenabenteuer geht gleich ohne mich weiter. Leider kenne ich zu viele Menschen, die es mit zu wenig Kleingeld wagen. Daher gebe ich dir den folgenden Hinweis: Bevor du an der Börse loslegst, brauchst du genügend Cash, auf das du lange nicht angewiesen bist. Sonst macht all das Traden keinen Spaß und keinen Sinn.

Die folgenden drei Punkte bilden deine finanzielle Basis:

Schaffe ausreichend Liquidität: Bilde mehrere Rücklagen bestehend aus:

»Notfall-Rücklage« 1:

Mit jedem monatlichen Gehaltseingang legst du einen von dir festgelegten Anteil zurück, beispielsweise auf ein Tagesgeldkonto (Zinsen lässt du bei Rücklage 1 unberücksichtigt).

»Eiserne« Rücklage 2:

Sie macht Sparen zur Obsession.
Mit jedem monatlichen Gehaltseingang legst du einen von dir festgelegten Anteil zurück, beispielsweise auf ein weiteres Tagesgeldkonto (Zinsen lässt du unberücksichtigt).

»Investitions« Rücklage 3:

Mit jedem monatlichen Gehaltseingang legst du einen von dir festgelegten Anteil auf dein Verrechnungskonto. Wenn du einen Betrag von 1.000 Euro zusammen gespart hast, kaufst du dir Anteile, wie beispielsweise ETF, Fonds oder Aktien.

Mein Beispiel:

2.000 Euro Einnahmen

minus 5 Prozent (=100 Euro) Rücklage 1 für Notfall (Unvorhergesehenes)

minus 5 Prozent (=100 Euro) »eiserne« Rücklage 2 (Zwangsrücklage)

minus 5 Prozent (=100 Euro) Rücklage 3 (für Urlaub und Auto)

minus 5 Prozent (=100 Euro) Rücklage 4 (zum Investieren)

Das Ergebnis lautet 20 Prozent (=400 Euro) lege ich monatlich beiseite mit dem Ziel, meine Rücklagen langfristig zu steigern. So etwas ist machbar! Entweder du verhandelst dein Gehalt nach, senkst deine Kosten oder schaffst dir mehrere finanzielle Standbeine. Ist dir aufgefallen, dass meine Investitionsrücklage ganz unten steht? Falls du wenig Geld zur Verfügung hast, legst du zunächst nur Geld beiseite, um es zu sparen. Erst ab einem gewissen Kapitalstock macht es Sinn, mit dem Investieren zu beginnen.

Rechne dich ärmer als du bist

Du fragst dich sicherlich, was eine Zwangsrücklage bedeutet. Meine Erfahrung mit Rücklagen ist sehr positiv. Ich selbst besitze zwei getrennte Konten. Eins für Immobilienvorgänge und eins für meine generellen laufenden Einnahmen und Ausgaben. Für meine Rücklagen habe ich einen Dauerauftrag eingerichtet. Ich spare somit automatisch und ohne darüber nachzudenken auf Tagesgeldkonten. Auf Konto 1 bilde ich monatlich meine Notfallrücklage, für den Fall, dass mir eines Tages meine Waschmaschine oder der Trockner kaputt gehen. Auf Konto 2 bilde ich eine weitere monatliche Zwangsrücklage, die ich aber generell liegen lasse. Erstens wird so ein Sparverhalten schnell zur Gewohnheit, denn man bildet damit automatisch langfristig ausreichend Liquidität (einen finanziellen Kapitalstock). Zweitens wird es zur Obsession und es fällt leichter, die Rücklagen darüber hinaus zu erhöhen. Man hat dadurch zwar unterm Strich weniger für Konsum, aber lernt gleichzeitig mit weniger Geld zurechtzukommen. Sparen wird wichtiger als konsumieren. Man lernt, bewusster einzukaufen, indem man abwägt, ob man das Produkt wirklich benötigt. Wieso ich so großen Wert aufs Sparen lege? Meine Motivation ist meine große Angst vor Armut. Sie ist so groß, dass ich sehr aktiv bin, um mich davor zu schützen. Es ist sehr wichtig zu wissen, wieso man etwas macht. Ich selbst bin zuversichtlich, dass ich auf dem richtigen Weg bin, damit mein Leben sorgenfrei verlaufen wird (was meinen Finanzhaushalt betrifft). Unvorhergesehene Ereignisse, sollten mir so schnell nichts anhaben. Darüber hinaus weiß ich, dass ich mich jeden Monat ein Stück in Richtung Freiheit spare.

Unterscheide Verbindlichkeiten von einem Vermögensgegenstand

Ein großes Problem der Menschen ist ihr Konsumzwang. Sie werfen gerne Geld für wertlosen Schrott aus dem Fenster. In München geben Leute beispielsweise mehrere hundert Euro für ihr Oktoberfestoutfit aus, damit sie zum Mainstream dazu gehören. Es wird vielleicht zweimal getragen und hängt dann wieder Monate im Schrank. Eine schicke Tracht kostet demnach um die 1.500 Euro. Es zeigt, dass viele Leute jede Menge Geld haben, dass sie eigentlich nicht brauchen – oder es zumindest auch investieren könnten.

Generell wird man in Deutschland belächelt, wenn man spart, da die nicht vorhandenen Zinsen von der Inflation aufgefressen werden. Jedoch wird man in Deutschland auch belächelt, wenn man einen Schritt weiter geht und sein Geld für sich arbeiten lässt, indem man es investiert. Ist ja schließlich viel zu gefährlich. Erzählungen von Bekannten über ihre hohen Verluste am Finanzmarkt sind schuld, dass wir Deutschen lieber sparen als investieren. Zudem wissen die meisten gar nicht, was investieren bedeutet. Ich verstehe darunter, dass man mindestens den gleichen Betrag oder mehr zurück bekommt. Einfach, oder? Menschen, die Riesterverträge oder fremdfinanzierte

Immobilienobjekte aufgrund der staatlichen Subventionen als Investition bezeichnen liegen in der Regel falsch. Denn auch wenn man etwas von der Steuer absetzen kann, und für jeden ausgegebenen Euro nur 30 Cents vom Finanzamt zurück erhält, ist das keine Investition sondern ein schlechtes Geschäft. Eine Verbindlichkeit ist nichts anderes als ein schlechtes Geschäft. Ihr zahlt dafür, bekommt aber wenig oder gar nichts dafür zurück. Das von vielen sehnlich herbeigesehnte Eigenheim ist ein gutes Beispiel für eine Verbindlichkeit, denn man zahlt es erstens selbst ab und zweitens fressen die laufenden Kosten einen beachtlichen Anteil des Einkommens auf. Ein fremdfinanziertes Mietobjekt hingegen ist eine Investition, wenn die Mieteinnahmen die laufenden Ausgaben inklusive der Kreditraten decken.

Der Steuer-Schnell-Check

Zu guter Letzt gebe ich dir einen ultrawichtigen Tipp. Denk an die Quellensteuer. Mach den Check, bevor du dir ausländische Werte ins Depot holst. Frankreich zählt beispielsweise zu den Ländern mit hoher Quellensteuer und mindert dadurch erheblich die Rendite; Großbritannien hingegen ist Aktionärsfreundlich und erhebt keine Quellensteuer, was Firmen wie Reckitt Benckiser , Glaxo SmithKline und Diageo noch interessanter macht.

Die ausländische Quellensteuer vermiest dir schnell die Laune. Hast du beispielsweise norwegische Titel im Depot, fallen dann schon 25 Prozent fürs Ausland an. 25 Prozent will der deutsche Staat, plus Soli plus

Kirchensteuer (=26,8 Prozent). Gemein, oder? Man fühlt sich hier schnell wie der Zahldepp der Nation. Folgendes müsst ihr hier tun:

1. Kümmer dich bei der ausländischen Finanzbehörde um eine Rückerstattung.

2. Antrag auf Shielding Deduction, also vollständige Rückerstattung ist Möglichkeit 1 – klingt extrem gut, ist aber nicht ratsam. Hier bekommst du vom deutschen Staat die Vollerstattung der Quellensteuer nicht anerkannt.

3. Antrag auf Teilerstattung ist besser: Du brauchst eine Ansässigkeitsbescheinigung vom deutschen Staat, dass du als Steuerzahler gemeldet bist. Das Formular findest du hier: www.bzst.de Leg den Dividendenbeleg dazu.

4. Schreib einen netten formlosen Brief an die Erstattungsbehörde im Ausland.

5. Du suchst die Adresse? Hier findest du sie: www.steuerliches-infocenter.de

6. Ein Steuerberater ist bei ausländischen Aktieninvestments sicher hilfreich.

7. Ich rate dir zu deutschen Titeln oder einem ETF, der in Deutschland aufgelegt ist. Die ISIN beginnt dann mit DE. Macht's dann unterm Strich einfacher.

Und noch etwas: Du musst jetzt nicht sofort in Panik ausbrechen. In der Regel kümmert sich deine Depotbank um die Überweisung der Abgeltungsteuer (25 Prozent + Soli + Kirchensteuer = 26,8 Prozent) ans Finanzamt. Du musst diese Vorgänge also nicht separat in der Steuererklärung angeben. Frustrierend wird es jedoch, wenn man sowohl die heimische Abgeltungsteuer sowie die ausländische Quellensteuer zahlen muss. Dann wird die ausländische Steuer von der Depotbank nur bis zu 15 Prozent an die bereits abgeführte Abgeltungsteuer angerechnet. (Das aber nur, wenn das Ausland ausländischen Investoren keine Ermäßigung auf die erhobene Steuer gewährt – denn dann musst du selbst im Ausland dein zu viel bezahltes Geld zurück fordern.) Angeblich darf man diese aus dem Ausland zurückholen, aber nur zum Teil – wenn die Behörde sich überhaupt bei dir meldet. Denn im Ausland gilt: wer zahlt, wird (vielleicht) bedient.

Noch komplizierter wird es hingegen, wenn du dein Depot nicht im Heimatland führst, sondern im Ausland. Dann darfst du erstens deine Kapitalerträge einzeln in der Steuererklärung auflisten. Die in ausländischer Währung ausgezahlten Erträge darfst du dann fein säuberlich mit dem Wechselkurs zum Fälligkeitstag umrechnen.

Und jetzt? Im Zweifelsfall deutsche Titel!

Entweder du verbuchst deinen »verlorene« ausländischen Quellensteuerbetrag unter »shit happens« und sagst dir »Ist halt so« - dann nimmst du von vorne herein eine geringere Rendite nach Steuern in Kauf. Oder du wählst Dividenden-Aktien aus steuerlich »einfacheren« Ländern. Das sind z.B. USA, Großbritannien und die Schweiz. Kompliziert hingegen wird es in Ländern wie Italien, Spanien, Norwegen und

Frankreich. Klingt immer noch zu aufwendig? Das verstehe ich. Im Zweifelsfall entscheidest du dich einfach für Investments aus Deutschland!

Land	Quellensteuer in Prozent
Großbritannien	0 (we have a winner!)
USA	30 davon wird die Hälfte auf die deutsche Steuerschuld angerechnet, die andere Hälfte holst du dir zurück unter www.irs.gov
Schweiz	35 (autsch)! Davon bekommst du 15 auf die heimische Steuerschuld angerechnet und 20 kannst du zurückholen
Japan	15
Norwegen	25 …(davon erhältst du von deiner Depotbank nichts angerechnet) verlangt nur eine Rückerstattung von zehn Prozent - und lässt die verbliebenen 15 Prozent Quellensteuer über die eigene Steuererklärung vom Finanzamt anrechnen)
Italien	26 (15 werden angerechnet, 11 musst du innerhalb von 4 Jahren zurück fordern)
Spanien	21 (voll auf deutsche Abgeltungsteuer anrechenbar)

Ein abschließender Gedanke

»Die Frau, die der Masse folgt, kommt nie weiter als die Masse. Die Frau, die alleine ihren Weg geht, wird Orte erreichen, an denen noch nie jemand zuvor war.«

(Albert Einstein)

Was für ein Wahnsinnsgefühl, wenn dir dein Chef blöd kommt – und du ihm zeigst, wer von euch beiden das Sagen hat – sei es indem du verbal zurück feuerst oder die Kündigung mit einem reizenden Lächeln einreichst. Alleine beim Gedanken daran, sorgen Endorphine dafür, dass du gute Laune bekommst. Mein Ziel ist erreicht, wenn du es schaffst, genügend Fuck-You-Money anzuhäufen. Wenn dein Chef auch nur damit droht »Sie suchen sich besser woanders einen Job, wenn das nochmal vorkommt!« und du ihm wortkarg mit einem fetten Grinsen im Gesicht erwidern kannst »Besser ist das. Ich langweile mich hier sonst noch zu Tode.« oder »Danke für den Tipp Chefchen, ich brenne darauf! Geht's dir jetzt besser?«

Herzlichen Glückwunsch zum neuen Selbstwertgefühl! Geld wird dir all das geben, was dich bislang vor unangenehmen Situationen wie diesen verängstigt und verunsichert hat. Du fühlst dich damit besser, top motiviert und lebst endlich dein Leben in vollen Zügen. Genug versprochen? Ich denke nicht. Denn es ist schwer zu umschreiben, was alleine der Gedanke an viel Geld für eine innere Kraft in uns auslösen kann. Motivation ist genau diese innere Stärke, die du brauchst, damit du beim Geld anhäufen nicht vorzeitig aufgibst. Denn: Investieren und Sparen sind Dinge, die sehr viel Willensstärke voraussetzen. Beim Abnehmen geht es uns ähnlich. Fakt ist: Wir sind von Natur aus träge und wünschen, dass uns die unliebsamen Angelegenheiten einfach so in den Schoss fallen. Aber macht uns das auch wirklich stolz und zu einem glücklichen Menschen? Denk immer daran: Wenn alles einfach wäre, dann würde uns das Leben ziemlich schnell langweilen. Wir würden das vermeintliche Geschenk nicht zu schätzen wissen. Was ich dir damit sagen will? Bleib dran! Mach etwas aus deinem Leben! Kümmere dich um dein Geld, damit du nie mehr von anderen abhängig sein musst. Glaub mir, es fühlt sich wahnsinnig gut an, wenn du alleine die Entscheidung treffen darfst, wo deine Abenteuerreise hingeht. Ich habe dann mal fertig. Deine Aufgabe ist klar. Leg los! Fang an! Und verliere bloß keine Zeit. Heute ist dein bester Tag.

Vielen Dank, dass du diesen Ratgeber gelesen hast. Bei Fragen erreichst du mich unter

www.finanzdiva.de

Ich wünsche dir viel Spaß und Erfolg beim Investieren!

Deine Kat€

Für deine Notizen

Für deine Notizen

Für deine Notizen